AF279059

RENSEIGNEMENTS

PARTICULIERS

SUR L'ALGÉRIE

EN DEHORS DES DOCUMENTS OFFICIELS

Mémoire dédié à Sa Majesté Napoléon III

BORDEAUX

IMPRIMERIE ADMINISTRATIVE DE RAGOT

Rue de la Bourse, 11-43.

1868

RENSEIGNEMENTS PARTICULIERS

L'ALGÉRIE

EN DEHORS DES DOCUMENTS OFFICIELS

Mémoire dédié à Sa Majesté Napoléon III

Le moyen unique pour rendre l'Algérie florissante, au point qu'elle puisse s'élever en rivale de la métropole dans l'espace de vingt années et se passer de tous les secours que la France lui envoie constamment depuis 1830, serait trouvé et la solution du problème tant de fois posé serait bientôt effectuée, si le Gouvernement prenait la ferme résolution de refouler les Arabes jusqu'aux dernières limites de la colonie. Cependant, cet éloignement ne pourrait avoir lieu qu'autant que l'État enlèverait à la stérile possession des indigènes les biens qu'ils possèdent en territoire civil, territoire qui devrait être étendu le plus loin possible, pour doter les races européennes d'un pays que la valeur française a conquis, je crois, pour être colonisé.

L'État, en agissant ainsi, s'assurerait une prompte réussite et accèderait en même temps aux demandes et aux vœux des Arabes.

Les hommes, en effet, cherchent toujours à s'éloigner de ce qu'ils méprisent.

Cette idée que j'avance va à l'instant même être expliquée : Tous les Arabes, sans exception, depuis le premier jusqu'au dernier, depuis le vieillard jusqu'à l'enfant, nous détestent profondément. Vingt-cinq années passées au milieu de ces peuplades me permettent d'avancer ce jugement, et je ne crains pas de dire que tous les honorables citoyens qui ont été chargés de former un gouvernement spécial, propre à faire revivre ce pauvre pays, ont échoué dans leur pénible et laborieuse mission.

S'ils avaient voulu mener à bonne fin leur entreprise, ils n'auraient pas dû choisir pour conseillers des gens qui ne peuvent se déjuger eux-mêmes et s'exprimer libéralement sur le passé.

Les hommes d'un grand mérite que Sa Majesté Napoléon III nous a envoyés dernièrement, pour étudier la situation de notre colonie et connaître ses besoins, malgré leurs bonnes intentions et leur dévouement, passeront à côté de la vérité comme ceux qui les ont précédés.

Il est un fait que personne ne saurait nier, le voici : l'Arabe est un être insouciant, paresseux, malpropre et fanatique au plus haut degré. Rien ne peut lui donner ce stimulant qu'il faut à l'homme pour qu'il puisse briser l'enveloppe du ridicule et de l'absurde qui enchaîne ses mouvements et ses projets. Jetez un coup-d'œil sur son costume et sur son aspect extérieur : ce sera là, certes, ce qui vous prouvera le mieux qu'on ne peut rien espérer de ce peuple. L'Arabe n'a pas changé de costume depuis le Ve siècle. L'hygiène ne lui est d'aucun souci, quoiqu'il voie sans cesse les bienfaits qu'elle procure à l'Européen qui en observe les règles. Il m'a fallu venir en Algérie

pour croire à l'aspect malpropre et dégoûtant de ses vête-
ments et de son corps. Dans ses mœurs aucun change-
ment ne s'est produit; il nous représente, en un mot, les
premiers peuples dont parle la Bible. Il voit bien que les
moyens employés par le Français pour travailler la terre
et élever le bétail le font réussir, mais il reste insensible
dans sa faiblesse et son ignorance. Il ne peut pas admettre
que les personnes et les animaux doivent être à l'abri des
intempéries du dehors et que le cultivateur s'approvisionne
des choses nécessaires pour nourrir pendant toute l'année
son personnel et son bétail.

Cet exemple, qui se pratique chaque jour en leur pré-
sence, aurait dû encourager les Arabes à le suivre, vu les
nombreux et bons résultats qu'obtiennent les colons; mais
non, ils n'en ont fait aucun cas, puisqu'ils préférent laisser
sécher le foin sur pied plutôt que de le couper et de le
donner à leurs bêtes qui meurent de faim en hiver. Pour
eux-mêmes la nourriture n'est ni saine ni fortifiante; en
effet, pendant une bonne partie de l'année ils ne mangent
que des fruits, mais des fruits sauvages.

Que MM. les Administrateurs, qui prétendent que les
Arabes commencent à se civiliser, soient interrogés sur
des faits de cette nature.

Si les Arabes pouvaient se civiliser il y aurait aujour-
d'hui un progrès notable, mais il n'en est pas ainsi; ils
n'ont rien fait pour rendre leur position meilleure, et pour
sortir de la misère où ils sont si profondément entrés.

Ni comme colons, ni comme hommes de la ville, les Arabes n'ont fait aucun progrès, par la raison qu'ils sont très-
fidèles aux traditions qui leur viennent de leurs pères,
tant pour la vie morale que pour la vie matérielle; et
pour le prouver, je n'ai besoin que de présenter comme

exemple « le soldat indigène », qui a servi pendant six années dans un régiment de tirailleurs algériens. Durant ce laps de temps, sous la conduite de ses chefs, il a été soumis à une discipline bienfaisante qui aurait dû lui profiter et changer ses idées et ses mœurs ; une fois son service accompli, il devrait se trouver très-heureux de garder des coutumes civilisées qui continueraient le bien-être de son existence. Mais, non, il endosse le burnous qu'il avait quitté avec regret et avec lequel il doit mourir ; il est heureux de nouveau de couler ses jours à l'ombre du gourbi traditionnel.

Ainsi, cet homme n'a pu conserver les principes d'amélioration que six années d'expériences, passées au milieu des Français, auraient dû lui faire apprécier ! Que peut-on donc espérer de celui qui nourrit un amour si aveugle pour ses coutumes barbares ?

Qui pourrait croire que les jeunes Arabes élevés dans nos colléges et recevant, en outre des bienfaits de la civilisation, ceux de l'instruction, n'éprouvent pour leurs bienfaiteurs et pour leurs professeurs aucune reconnaissance et ne savent pas donner aux bons conseils qu'ils ont reçus la digne estime qu'ils méritent ? Et voilà pourtant ceux que l'on prépare à devenir un jour les rivaux de nos jeunes Français !

Ainsi, si l'on renvoyait cette triste population sur une terre immense, située : dans la province d'Alger, de l'autre côté de Boghar, dans la province de Constantine, plus loin que Batna, et dans la province d'Oran, de l'autre côté de Tlemcen, elle serait plus heureuse qu'en vivant parmi les Européens.

Ce résultat obtenu, les nombreux Français et Allemands qui émigrent chaque année en Amérique, contrée à laquelle ils ont donné leurs préférences jusqu'à ce jour, quoiqu'elle soit vingt fois plus éloignée de l'Europe que l'Algérie, se dirigeront vers nous quand ils sauront qu'ils pourront vivre dans notre colonie en y achetant de la terre en toute sécurité, sans être subordonnés aux administrations qui ont entravé l'essor qu'aurait dû prendre la colonie avant ce jour.

La terre que l'État doit retirer aux Arabes pour constituer et établir sur des bases solides sa colonie ne peut être obtenue que par la voie d'un échange et en payant, s'il le faut, une soulte. Il ne faut pas que cette soulte à payer effraie l'administration ; elle déboursera 5 centimes pour arriver, dans quelques années, à recevoir 2 francs et même davantage ; et un bénéfice énorme résultera des échanges que le Gouvernement fera. Le peuple arabe s'empressera de consentir à toutes les propositions qui l'éloigneront du chrétien, sachant surtout que la terre située aux trois endroits désignés plus haut est aussi riche que celle qu'il possède au milieu des Européens.

Une foule d'avantages résulteront de l'exécution de ce projet : les chemins de fer y apporteront leur part ainsi que les barrages. Au bout de six ans, ces deux grandes œuvres peuvent être accomplies et répandre leurs bienfaits sur la colonie. Certainement alors le Gouvernement trouvera, à 200 et à 300 francs l'hectare, acquéreurs pour toutes les terres, lorsqu'on jouira de l'avantage de pouvoir les arroser et de transporter facilement les denrées ; mais il faut créer des villages et des grandes fermes près des lignes de chemin de fer et imposer à tous les acquéreurs l'obligation de bâtir des maisons qui soient en rapport avec l'exploitation, afin qu'un essaim de constructions vienne entourer le réseau tracé par les rails.

Il serait vraiment honteux pour les habitants de l'Algérie de ne pas aider la locomotive, ce char populaire, dans les bienfaits qu'elle est appelée à répandre. Si, au lieu de s'enrichir et d'enrichir d'autres contrées en lui confiant les produits de leurs terres, ils la laissaient passer sans comprendre son utilité, en ne lui attribuant que la triste et stérile mission de captiver les regards, l'administration des chemins de fer, pour avoir voulu développer la richesse de l'Algérie, périrait de misère, et le Gouvernement aurait la lourde charge de servir, en pure perte, au taux de 5 p. 100, les intérêts des millions dépensés par la Compagnie.

DÉFENSE DU PAYS

Il faut que l'armée, répandue presque en tous lieux, soit placée sur la limite qui séparera les Indigènes des Européens ; c'est-à-dire, qu'elle forme un cordon entre les deux populations. MM. les Généraux chargés du commandement devraient avoir la surveillance des indigènes et surtout de leurs chefs en agissant avec sévérité dans certains cas, car c'est à l'armée seule qu'il appartient de veiller attentivement sur ce peuple. Sachez-le bien, les Arabes sont toujours prêts à se soulever dès qu'ils entendent dire par un marabout que le Très-Haut leur donnera les forces nécessaires pour anéantir les Roumis. Il faut aussi, pour donner le bien-être au pays, supprimer une grande partie de l'administration ; car, pour administrer 200,000 habitants, elle est aussi nombreuse que pour en administrer 12,000,000. La mise à exécution de ce projet serait facile en plaçant en France les membres éliminés, et serait économique pour la pauvre Algérie, pays où la dépense est deux et trois fois plus forte que la recette.

JUSTICE

Quand on aura créé les communes on devra former dans chaque village un conseil municipal, composé d'un maire, d'un adjoint et de sept membres, en donnant, par un décret impérial pour l'Algérie, qualité audit conseil de juger en dernier ressort toutes les affaires, sans exception aucune, qui pourront surgir entre habitants de la même commune; si le différend a lieu entre gens de deux communes, les conseillers de l'une et de l'autre, en nombre égal, jugeront les parties. Il faudra aussi que le même décret donne qualité au maître d'école de citer les parties à comparaître, à jour et à heure fixes, devant le conseil réuni en audience publique, et d'exécuter tous les jugements rendus par ledit conseil. Pour que cet employé puisse consacrer la majeure partie de son temps à instruire les enfants de la commune, il faut qu'il soit autorisé à faire remettre ses exploits par le garde-champêtre, et enfin à se faire assister par ce dernier toutes les fois qu'il y aura lieu. Le conseil, quand il sera en majorité, taxera tous les frais en général. L'habitant de la commune qui ne se comporterait pas bien, vis-à-vis de l'autorité et des autres habitants, pourrait, sur la demande du conseil, être renvoyé, après que M. le Préfet du département, à la suite d'une enquête, en aurait donné l'autorisation (mesure bien rigoureuse qui est nécessaire dans les colonies).

La commission municipale délibérera sur toutes les matières soumises aux conseils municipaux des communes; les dépenses et les recettes de la commune, les acquisitions, aliénations, baux, droits et legs faits à son profit ou consentis par elle, seront définitivement réglés par le conseil. La commission municipale administrera aussi tous les biens communaux, désignera les travaux d'intérêt commun, préparera le budget et le portera à la connaissance des administrés, tous les six mois, au moyen de deux affiches, une sur la porte de la maison commune et l'autre dans l'intérieur de l'église pour éviter qu'on ne l'enlève avant que les contribuables en aient pris connaissance. Voilà une décision libérale et qui rend hommage aux droits des citoyens ! Elle ordonnera en outre les dépenses; elle surveillera les travaux de toute espèce que l'administration fera exécuter dans la commune. Elle aura le droit de s'enquérir du prix de revient, de la quantité et de la qualité des matériaux employés. Quand elle jugera à propos de contrôler la comptabilité, M. le Conducteur sera tenu de la mettre à l'instant même à sa disposition. Elle administrera les successions vacantes, pourvoiera aux besoins des enfants mineurs pendant tout le temps nécessaire aux formalités pour les faire entrer à l'orphelinat du département. Si les biens laissés par les parents morts étaient grevés, on prendrait des mesures pour éviter que le peu qu'on pourrait conserver pour ces jeunes héritiers ne soit absorbé par les frais. Les immeubles saisis seront vendus aux enchères publiques, un mois après la publication de la vente dans le journal désigné pour les annonces légales. Le cahier des charges en sera dressé et l'ordre clôturé par le conseil. La vente aura lieu à la maison commune, devant la commission, qui devra être présidée par M. le Maire ou son délégué et deux membres du conseil. Ladite vente sera transcrite sur un registre pareil à celui sur lequel on inscrit les actes civils; mais, comme ce registre pourrait, un jour, par n'importe quelle cause, disparaître, une copie conforme de l'inscription sera envoyée au chef-lieu du département et transcrite ensuite sur un registre destiné à cet usage, dans un des bureaux de la préfecture. Enfin, il faudra donner à M. le Maire et à MM. les Membres de la Commission un formulaire spécial traitant la nouvelle organisation des communes en Algérie. M. le Maire et tous les autres membres seront nommés pour cinq ans et M. le Préfet aura le droit d'accepter leur démission comme aussi de la refuser.

SURETÉ

Comme la sûreté des citoyens est indispensable et comme aussi les mouvements et les progrès de l'homme sont souvent enchaînés par la crainte ou la méfiance, et que l'autorité elle-même a besoin de sécurité et de vigueur lorsqu'elle est appelée à agir, il faut que chaque commune puisse disposer d'une force publique. Le gouvernement n'augmentera pas ses dépenses pour cela; il n'aura qu'à convertir les trois régiments de spahis en gendarmes français. Mais, pour que ces régiments puissent suffire, il faudra renvoyer de ces trois corps tous les indigènes, et ceux qui réclameraient en établissant leur ancienneté, pourraient être versés dans les régiments de tirailleurs algériens ou de gendarmes maures placés sur les frontières du Maroc et de la Tunisie.

Ces régiments étant ainsi transformés en gendarmerie on y ajoutera, pour remplir les cadres qui pourraient être incomplets, des militaires de bonne volonté, tirés de l'infanterie ou de la cavalerie, sachant lire et écrire, et d'une conduite irréprochable. On organisera alors les brigades par commune, de manière qu'elles puissent se porter secours mutuellement et se grouper à un moment donné. Étant accepté ce projet, on placera trois gendarmes à pied dans chaque commune, par groupe de sept, et dans cette septième, au centre, devront se trouver un brigadier et quatre gendarmes montés, et ainsi de suite jusqu'au nombre de quinze. Dans cette quinzième commune, il devra y avoir un officier, chef de commandement, un maréchal-des-logis, un brigadier, six gendarmes, tous montés, pour faire la correspondance et porter la solde à ceux qui seront détachés dans les autres villages et placés sous le commandement de cet officier qui devient chef de cercle. Ces militaires sont également sous les ordres des maires, et s'il y avait lieu de faire opérer plusieurs brigades ensemble, ils devraient de suite en informer l'officier, pour que celui-ci eût à prendre ses dispositions, dans l'intérêt du service et du bon ordre.

Comme résumé de toutes les observations qui précèdent, il y aurait donc lieu à modifier complètement la législation et le mode d'administration du pays actuellement gouverné par des lois d'exception et sous l'empire d'un régime tout spécial. Il n'y aurait aucun inconvénient à transformer ces lois et ce régime, de manière à tirer véritablement parti de ce pays nouveau, qui périclite sous le poids d'institutions non en rapport avec ses besoins.

Ainsi donc, transformation de la juridiction de manière

à faciliter les transactions et la procédure des gens nécessiteux; réduction considérable du personnel administratif qui serait remplacé, gratuitement et avec l'avantage de la rapidité, par les conseils municipaux; expropriation forcée, si les Arabes étaient mal conseillés et qu'ils ne voulussent pas céder, par arrangements à l'amiable, les territoires actuellement détenus par eux qui n'en font rien, et leur renvoi dans une zone véritablement en harmonie avec leurs goûts et leurs habitudes nomades; attribution de ces mêmes terres à la colonisation européenne; installation des commandements militaires sur la limite du Tell pour surveiller le pays, et, enfin, appel énergique à l'émigration européenne.

Ces moyens, Sire, soyez-en bien persuadé, donneront au pays un élan et une prospérité inconnus jusqu'à ce jour. Alors l'Algérie, prenant la place qui lui convient dans le monde, deviendra pour la France un débouché immense et un marché commercial de premier ordre qui donnera à la mère-patrie une puissance incontestable sur la Méditerranée.

Voilà, Sire, les moyens que vous propose un Algérien de vingt-cinq années, qui a vu beaucoup et qui a étudié les institutions qui seraient le plus capables d'assurer la prospérité de ce pays.

Il sera heureux, Sire, si vous voulez bien jeter un coup-d'œil sur ce mémoire.

Dans cet espoir, il prie Votre Majesté de vouloir bien agréer l'assurance du profond respect avec lequel il a l'honneur d'être votre très-humble serviteur,

L. St-GERMAIN.